AF582349

LE

DIMANCHE ILLUSTRÉ

SEMAINE RELIGIEUSE DE TOULOUSE

Messager des Paroisses et des Pèlerinages.

Il paraît chaque semaine trois éditions du DIMANCHE ILLUSTRÉ : la première, le jeudi, pour la France et l'étranger; la deuxième, le vendredi, pour le département de la Haute-Garonne; la troisième, le samedi, pour Toulouse. Dans cette dernière édition, la CUEILLETTE et les FAITS DIVERS qui terminent le journal, sont remplacés par l'Ordre des offices de la semaine.

ABONNEMENTS et ANNONCES
A l'Administration, rue du Faubourg-Arnaud-Bernard, 28 bis, ou à l'imprimerie MONTAUBIN, petite rue St-Rome, 1.

ILLUSTRATIONS PAR
LOUIS-VICTOR GESTA
ARTISTE PEINTRE-VERRIER
Chevalier de l'Ordre de St-Sylvestre

ABONNEMENTS
Toulouse, un an. . . . . 5 fr.
Départements. . . . . 6 »
A Paris, chez Th. OLMER, agence des journ. catholiques, r. Bonaparte, 53.

Adresser le montant des abonnements en timbres ou mandats-poste, ainsi que toutes les réclamations, à M. l'Administrateur du DIMANCHE ILLUSTRÉ, *rue du Faubourg-Arnaud-Bernard, 28, Toulouse.*

LE TIRAGE DU DIMANCHE ILLUSTRÉ EST DE 9,000 EXEMPLAIRES

Les manuscrits non insérés ne seront pas rendus et on n'en répond pas.

PROPAGANDE CATHOLIQUE

Le Dimanche Illustré devrait se vendre dans toutes les villes et villages, comme moyen de rénovation sociale et de PROPAGANDE CATHOLIQUE. Nous offrons le journal rendu *franco*, par la poste, DANS TOUTE LA FRANCE, à 7 c. le numéro, pourvu qu'on en prenne, au moins, *5 Exemplaires*. C'est, on le voit, une vraie propagande catholique, et rien de plus. MM. les Curés pourraient faire vendre le Journal à 10 centimes, par un employé de leur église, pour consacrer le petit excédant à une œuvre de leur paroisse, ou bien dans le seul but de Propagande et pour combattre les mauvaises lectures. Nous osons affirmer que le bien serait immense.

Nous avons déjà adressé notre feuille dans un nombre assez grand de localités; de petites communes nous en demandent 20, 30, jusqu'à 40 numéros. Telle petite ville en prend 100. Toutes devront faire de même et proportionnellement !

PRIME DU DIMANCHE ILLUSTRÉ

Les nouveaux abonnés d'un an au *Dimanche Illustré* recevront gratuitement :

L'Entrée de Louis XI à Toulouse, grand modèle, propriété du journal, gravure inédite se vendant séparément 3 francs.

1° Pour les abonnés du dehors, nous expédions cette prime franco après réception de 40 c. en timbres-poste.

2° La première partie brochée de l'ouvrage

LES BIENFAITEURS ET MALFAITEURS DE L'HUMANITÉ

Par J. BAREILLE, chanoine honoraire de Toulouse, de Lyon et d'Alger, Commandeur de l'Ordre d'Isabelle la Catholique, illustré par L.-V. GESTA, artiste peintre-verrier, Chevalier de l'Ordre de Saint-Sylvestre.

Pour les abonnés du dehors, nous expédierons cette première partie de l'ouvrage *franco*, après réception de 50 centimes en timbres-poste.

L.-VICTOR GESTA

ARTISTE PEINTRE-VERRIER

Chevalier de l'Ordre de Saint-Sylvestre

28, RUE DU FAUBOURG-ARNAUD-BERNARD, 28

TOULOUSE
Imprimerie Lithographie P. RIVIÈRE ET Cie, Boulevard Riquet, 15
—
1879

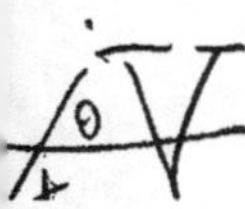

MÉTHODE

POUR PLACER SOI-MÊME LES VITRAUX

SANS LE SECOURS D'UN HOMME DU MÉTIER.

INSTRUCTIONS A SUIVRE.

Un vitrail se compose habituellement de plusieurs parties dites panneaux.

Ces divers panneaux sont soutenus et assujettis par des ferrures qui se divisent en Barlotières et Barrettes ou Vergettes.

La Barlotière sert à réunir deux panneaux, partie inférieure de l'un et partie supérieure de l'autre, comme, par exemple, partie inférieure du premier panneau BB, Fig. 1, et partie supérieure du second CC, Fig. 2, et ainsi de suite pour les autres.

La Barrette ou Vergette est faite pour assujettir les panneaux, de telle façon que le vent ne puisse les ébranler.

DESCRIPTION DE LA POSE

Pour faire une bonne pose on doit opérer comme suit :

1° Choisir tous les panneaux portant la même lettre.

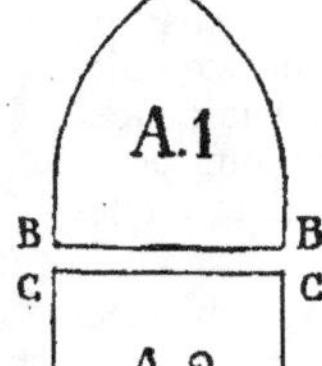

Fig. 1.

2° Réunir par terre ou sur une grande table tous ces panneaux, et les classer alors par ordre de numéro, comme la Figure 1, ci-contre, en observant que les fils de fer galvanisés soient dessus.

La pose se fait toujours en commençant par le haut de la fenêtre; ainsi donc, le premier panneau à placer serait celui indiqué Fig. 1. A; 1, le second, A. 2; A. 3; A. 4; etc.

Cette réunion de panneaux constitue le vitrail. On prend très-exactement la mesure du premier panneau A. 1, au moyen d'une règle qui a juste la longueur de ce panneau ; on applique cette règle au sommet de l'ogive ou du plein cintre, au fond de la feuillure de la pierre ou maçonnerie qui doit recevoir le panneau, en ayant soin de ne comprendre dans le jour de l'ouverture, que la partie du vitrail qui doit produire des effets de couleur ou d'ornementation. Cette règle passant par la ligne verticale qui part du milieu du plein cintre ou de l'ogive, désignera à sa partie inférieure, la position de la première Barlotière.

Cette Barlotière doit être placée de la manière suivante :

Fig. 2.
Barlotière dite à T vue à l'intérieur.

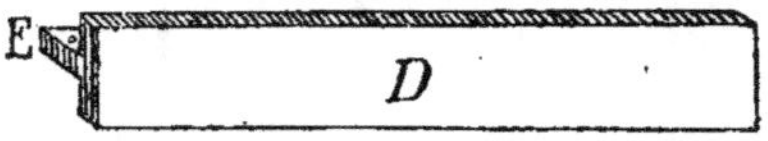

E

D

Fig. 3. Barlotière vue à l'extérieur.

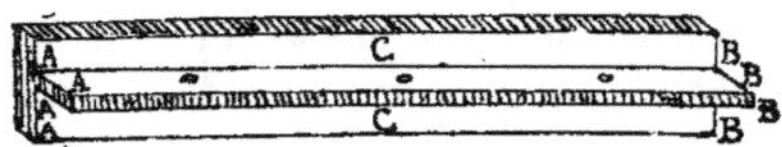

La surface D., Fig. 2, doit être intérieure, et par conséquent la partie saillante E. ou tablette sera en dehors et horizontalement placée avec un niveau.

Les extrémités de cette Barlotière A. A. A. A. et B. B. B. B., de la Fig. 3, doivent entrer dans la pierre ou mur et être solidement scellées ; les Barlotières sont toujours laissées plus longues pour la solidité du vitrail ; on ne doit jamais les couper.

Il faut observer qu'après avoir placé la Barlotière dans les trous qui doivent la recevoir, on doit laisser entre la feuillure et la surface verticale C. C., Fig. 3, un espace suffisant pour y enchâsser le panneau, afin qu'il soit solidement fixé par cette rainure et que rien ne puisse l'ébranler.

Après cette opération, on prend le premier panneau et on l'applique contre la feuillure de la pierre, après l'avoir présentée sur la partie plane horizontale de la Barlotière, qui est percée de petits trous, sur laquelle il doit reposer par sa partie inférieure.

Fig. 4.
Barrette ou Vergette rondin.

Les fils de fer galvanisés étant dans l'intérieur de l'église, on doit marquer en regard de leur ligne horizontale la place où doivent être faits les trous qui recevront les Barrettes, Fig. 4. Celles-ci une fois placées, on presse le panneau contre ces Barrettes, pour qu'il s'y applique solidement, on donne deux tours au fil de fer, de manière à ce que le panneau soit fortement attaché à ces Barrettes.

Il y a deux sortes de Barrettes, en fer rondin et en fer plat. Ces dernières, pour plus de solidité, doivent être placées sur champ, c'est-à-dire sur la face la moins large, dans une position horizontale, Fig. 4. *bis*. Certaines Vergettes sont contournées pour ne pas couper le dessin des figures, têtes ou mains ; on se guidera, pour leur pose, sur les contours des plombs que ces Vergettes doivent suivre en les recouvrant et sur lesquels on verra les attaches soudées.

Faire pour le second panneau ce qui a été fait pour le premier, et ainsi de suite pour les autres.

Fig. 4 *bis*.
Barrette ou Vergette en fer plat.

Le vitrail une fois placé, on devra mettre des goupilles en fer ou en bois de chêne dans les trous de la tablette de la Barlotière extérieure E., Fig. 2. pour que le bas du panneau supérieur et le haut du panneau inférieur soient solidement appliqués contre les faces verticales C. C. Fig. 3.

Il faut bien mastiquer avec la pâte de vitrier le fond de chaque panneau reposant sur les Barlotières, comme on ferait pour les vitres ordinaires.

Les bords du vitrail devront, intérieurement et dans tout leur pourtour, être garnis de bon plâtre. Cette garniture devra arriver juste au plomb et couvrir le filet en verre blanc ordinaire, formant la feuillure.

Même observation pour les bords du vitrail, qui seront, pour plus de solidité, extérieurement garnis de ciment ou de plâtre de Paris.

Pour éviter d'avoir l'eau du dehors et celle provenant de la vapeur condensée à l'intérieur, on pratique un petit réservoir, F. Fig. 5., qui conduit l'eau à l'extérieur par la la rigole I. même figure, qui passe sous le bas du vitrail A. A. A. A.

Fig. 5. Extérieur.

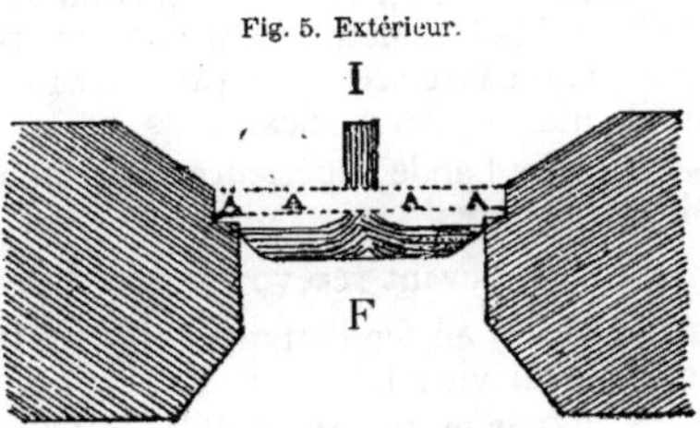

Intérieur de l'Église.

Ce qui serait préférable à tout, seraient les feuillures extérieures, avec évasement aussi extérieur pour le bas de la fenêtre.

N.-B. — Il est des expositions de fenêtres telles, que l'eau pénètre dans l'intérieur, malgré tous les soins apportés à la pose d'une verrière. Le seul moyen à prendre en pareil cas est de mettre un double vitrail en verre blanc extérieurement.

Ce moyen a non-seulement l'avantage de protéger les murs contre les dégâts occasionnés par la pluie, mais tient encore l'intérieur d'une église dans une température moyenne. En été, il fait moins chaud, en hiver moins froid.

Pour les verrières dont les grandes dimensions nécessitent une armature en ferronnerie spéciale, la pose se fait comme suit :

On doit commencer par poser et sceller solidement l'armature dans les murs, en observant que l'arête des fers à T., soit tournée en dehors. Un plan accompagne toujours l'envoi de ces ferrures et fixe sur leur disposition.

L'armature en place, on doit poser les panneaux de verre, en commençant par le haut et en garnir le pourtour dans la feuillure des fers, avec du mastic de vitrier, comme on ferait pour des vitres ordinaires.

Les Vergettes se placent intérieurement et reposent sur les crochets vissés aux montants de l'armature.

Méthode pour placer soi-même les Châssis ouvrants des Verrières de la Maison L.-V. GESTA

BREVETÉS (s. g. d. g.)

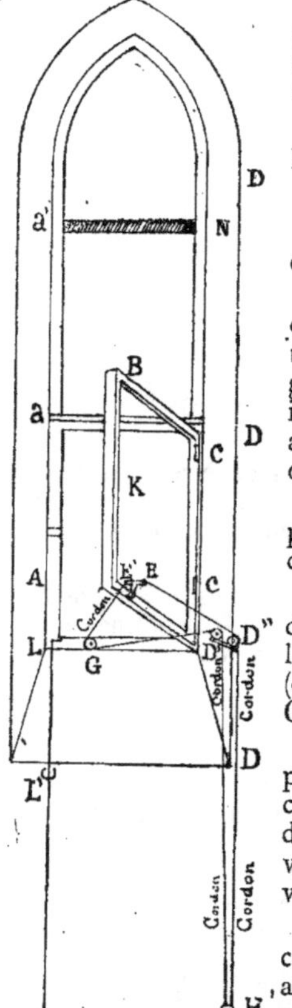

A Châssis en fer dormant qui doit se sceller dans le mur, (Tableau de la fenêtre se raccordant avec la feuillure.) Ce châssis doit être scellé bien de niveau et bien solidement sur le même plan vertical.

La petite bande supérieure a' est établie comme les simples Barlotières.

a Bande devant recevoir le panneau supérieur en $\frac{\text{verre}}{\text{aa}}$.

B Chassis en fer battant qui doit recevoir le panneau en verre du vitrail.

Ce châssis en fer est mobile. Pour y placer le panneau, on dévisse la vergette intérieure qu'on remet immédiatement, et autour de laquelle s'enroulent les fils de fers galvanisés, soudés au panneau. Ce panneau étant placé, il faut l'arrêter sur le châssis en garnissant son pourtour avec du mastic de vitrier, comme on en use pour les vitres ordinaires.

Pour la solidité, il faut que le panneau s'applique complètement sur les Barrettes en fer, et que ce qui vient d'être dit soit soigneusement et fidèlement exécuté.

D' D" Deux petites poulies, l'une fixe, l'autre mobile, devant être solidement scellées à l'angle extérieur de l'embrasure D, et bien de niveau avec la petite poulie G (c'est-à-dire sur le même plan horizontal passant par G et D').

H Vis de rappel qui doit être solidement scellée à la portée voulue pour un homme, et suivant la ligne verticale de l'embrasure de la fenêtre D ; il faut que la poulie de H' soit vers les 3/4 supérieure à sa tige, afin de pouvoir tendre au besoin le cordon (sans fin), au moyen de la vis qui est au-dessous H".

Cela posé et bien compris, il faut attacher un bout de cordon à l'extrémité d'un petit fer mobile formant le T au point E; faire passer le cordon dans la chappe et sur la poulie mobile au point D"; puis sur la poulie de la vis de rappel, au point H; puis sur la poulie fixe du point D'; ensuite sur la poulie du châssis dormant G, et venir l'attacher à l'autre bout de fer formant le T au point E'.

Nota. — En tirant le cordon E D" H', on ouvre le châssis, et en tirant E' G D' H' on le ferme.

Le cordon placé, il faut, pour pouvoir manœuvrer le châssis, que ce cordon ne soit ni trop tendu, ni flottant. La vis de rappel H" a la propriété de tendre ce cordon sans fin, de façon à rendre le châssis, une fois ouvert, immobile au point de l'ouverture voulue, et par cette tension, le battant B se trouve fixé de manière à défier le vent le plus violent.

K est le point où se trouve un loqueteau qui ferme le battant du châssis sur le dormant. Il faut attacher un cordon à son extrémité inférieure, le faire passer dans l'anneau L du dormant, et puis le diriger verticalement en L' jusqu'à portée des mains de la personne qui opèrera (à portée naturelle des mains) au point M. Un anneau conducteur L' doit tenir le cordon dans une position verticale, de façon que le tirage s'opère bien pour pouvoir facilement ouvrir le châssis.

Un serrurier, avec ces explications, peut parfaitement placer ce *châssis en fer*.

N, Embrasure de la fenêtre.

e' a' N, Barlotières en fer, posées pour recevoir le panneau supérieur de la fenêtre.

Afin d'éviter une erreur qui se commet quelquefois et fait placer les vitraux à l'envers, il faut bien observer, en posant les panneaux, de mettre les vergettes à l'intérieur de l'église et non à l'extérieur.

Opérations pour remettre soi-même des pièces refaites à des Vitraux déjà placés.

Il faut relever les arêtes des plombs, avec un couteau à papier; nettoyer les rainures, y placer les pièces refaites, et applatir ensuite les plombs. Il faudrait pour pouvoir instrumenter aisément, qu'il y eût du côté opposé de l'opérateur, une personne qui tint coup, avec un objet présentant une surface plane, de manière à ne pas trop peser sur le vitrail; mastiquer ensuite soigneusement les plombs avec de la pâte de vitrerie.

On peut assombrir des vitraux clairs, au moyen d'une couleur à l'huile très-claire, faite avec du blanc de céruse, que l'on étend en tamponnant uniformément et légèrement, la partie du vitrail qui se trouve à l'intérieur de l'église.

Compositions spécialement faites pour chaque · commande.

Dessin et éxécution en harmonie avec le style des monuments.

PRIX-COURANTS

DE

L.-V. GESTA,

Artiste Peintre-Verrier, Graveur sur verre et Cristaux,

Rue du Faubourg-Arnaud-Bernard, 28, Toulouse.

INDICATION

DU GENRE DE VITRAUX CONTENUS DANS L'ALBUM.

Ple	No		Prix de fr. à fr. Par mètre carré
1	1	XIIme SIÈCLE. Vitrail Mosaïque Romane, avec riche bordure peinte et scène légendaire en médaillon, à la place du titre *Album*, etc. . . . . de	100 à 150
2	2	XVIIme SIÈCLE. Vitrail ornementation et encadrement genre Louis XIII, pour grands personnages, à la place du titre *Système des Anciens*, etc. . . de	100 à 150
3	3	Vue des Ateliers de la Manufacture de M. L.-VICTOR GESTA.	
3	4	XVIIme SIÈCLE. Vitrail ornementation et encadrement, fond damassé en grisaille et couleur, avec bordures gravées à l'acide et à la roue, pour personnages ou médaillons, à la place du titre *Imprimé en chrom.*, etc. . . . . . de	120 à 150
4	5	Médailler. Vitrail genre historique et tableaux avec portrait, scène historique (VITRAIL D'ART). . . . . de	250 à 500
5	6	XIIme SIÈCLE. Vitrail incolore, verre teinté dans la masse, dessin formé par le plomb ou bien sur grand verre au moyen d'un filet en couleur noire. . de	15 à 30
6	7	Fin du XIIme, commencement du XIIIme SIÈCLE. Vitrail incolore, verre teinté dans la masse, dessin formé par le plomb ou bien sur grand verre au moyen d'un filet en couleur noire. . . . . de	15 à 30
7	8	XVme SIÈCLE. Vitrail losanges, verre blanc dépoli, montés en plomb, avec bordure peinte en couleur . . . . de	15 à 18
8	9	XVme SIÈCLE. Vitrail mosaïque, verre blanc dépoli, avec bordure peinte en couleur . . . . de	18 à 25
«	10	XVme SIÈCLE. Vitrail mosaïque, octogones, verre blanc dépoli, entrelacés de rubans en couleur, avec bordure peinte en couleur . . . . de	25 à 35
9	11	XVme SIÈCLE. Vitrail octogones, verre blanc dépoli semé de carrés en couleur, avec riche bordure peinte. . . . . de	25 à 30
10	12	XIIme SIÈCLE. Vitrail verre blanc dépoli ou verre teinté dans la masse, avec bandelettes en couleur, riche bordure peinte. . . . . de	30 à 40
11	13	XVIme SIÈCLE. Vitrail mosaïque, verre blanc dépoli et rubans en couleur, avec bordures en couleur . . . . de	30 à 40
12	14	XIIme SIÈCLE. Vitrail verre teinté dans la masse ou verre blanc dépoli, avec mosaïque en couleur, riche bordure peinte . . . . de	35 à 45
13	15	XVme SIÈCLE. Vitrail genre allemand, grisaille simple sur verre blanc ou teinté dans la masse, translucide, avec bandelettes en couleur dans la bordure. de	30 à 40

Pl^e^	N°		Prix de fr. à fr. par mètre carré
14	16	Fin du XIIme SIÈCLE, commencement du XIIIme. Vitrail grisaille simple, avec carrés en couleur, bordures peintes en couleur. . . . . de	35 à 40
14	17	Fin du XIIe SIÈCLE, commencement du XIIIme. Vitrail grisaille simple, avec bordure peinte en couleur . . . . de	35 à 40
15	18	XIIme SIÈCLE. Vitrail grisaille simple, avec bordure peinte en couleur . . de	35 à 40
15	16	XIIme SIÈCLE. Vitrail grisaille simple, avec bordure peinte en couleur. . de	35 à 40
16	20	XIXme SIÈCLE. Vitrail grisaille simple, avec bandelettes en couleur et bordure peinte . . . . de	35 à 40
17	21	XIXme SIÈCLE. Vitrail grisaille à deux teintes, avec mosaïque en couleur et bordure peinte. . . . . de	40 à 45
18	22	XVIme SIÈCLE. Vitrail grisaille riche, avec filets et points en couleur, emblème et bordure peints en couleur . . . . de	40 à 50
19	23	Fin du XIIme, commencement du XIIIme SIÈCLE. Vitrail grisaille, verre teinté dans la masse, bandelettes et points en couleur, avec riche bordure peinte, de	50 à 60
20	24	Fin du XIIme SIÈCLE, commencement du XIIIme. Vitrail grisaille riche avec filets, ornements en couleur et riche bordure peinte en couleur. . . . de	55 à 65
21	25	XIIIme SIÈCLE. Vitrail grisaille riche, avec filets et points en couleur, riche bordure peinte en couleur . . . . de	60 à 70
22	26	XVIme SIÈCLE. Vitrail grisaille, avec bandelettes, ornements en couleur, riche bordure peinte . . . . de	60 à 70
23	27	XIVe SIÈCLE. Verrière géminée, avec réseau genre mosaïque claire, et bordure peinte en couleur. . . . . de	65 à 75
24	28	XIVme SIÈCLE. Verrière géminée, avec réseau, genre mosaïque claire, et bordure peinte en couleur . . . . de	70 à 80
25	29	XVe SIÈCLE. Verrière géminée, avec réseau, grisaille riche, filets et points en couleur, belle bordure peinte. . . . . de	60 à 70
26	30	XIVme SIÈCLE. Verrière géminée, avec réseau, genre mosaïque claire, et bordure peinte en couleur. . . . . de	70 à 80
27	31	XIIme SIÈCLE. Rosace incolore, montée en plomb, ou bien avec filets peints en noir, sur de grandes pièces de verre blanc . . . . de	20 à 35
»	32	XVme SIÈCLE. Rosace mosaïque, verre blanc dépoli et verre en couleur . . de	25 à 30
»	33	XIIIme SIÈCLE. Rosace grisaille simple, avec bandelettes et points en couleur, bordure peinte en couleur . . . . de	35 à 40
28	34	XVme SIÈCLE. Rosace rayonnante, verre blanc dépoli et couleur, avec bordure peinte en couleur. . . . . de	25 à 28
»	35	XVme SIÈCLE. Rosace grisaille, avec rubans et coins en couleur, bordure peinte en couleur . . . . de	35 à 40
»	36	XIVme SIÈCLE. Rosace ornementation riche en couleur, peinte en couleur, avec bordure peinte en couleur . . . . de	50 à 60
29	37	Fin du XIIIme SIÈCLE, commencement du XIVme. Rosace ornementation riche en couleur, bordure peinte en couleur, avec armoiries dans le milieu . de	70 à 80
»	38	XIVme SIÈCLE. Rosace avec grande scène historique, légendes et armoiries de la papauté, riche bordure peinte en couleur. . . . . de	120 à 150
»	39	XVIme SIÈCLE. Rosace grisaille mosaïque, avec médaillon dans le milieu et riche bordure peinte. . . . . de	60 à 70

Ple	No		Prix de fr. à fr. par mètre carré
30	40	Fin du XIIme SIÈCLE, commencement du XIIIme. Vitrail mosaïque, ornements en couleur, avec médaillons à sujets et emblèmes, riche bordure peinte en couleur. . . . . de	70 à 80
»	41	XIIme SIÈCLE. Vitrail grisaille, mosaïque peinte en couleur, avec médaillons à sujets et emblèmes, riche bordure peinte en couleur. . . . . . . de	50 à 80
31	42	Commencement du XIIIme SIÈCLE. Vitrail à personnage, baldaquin et soubassement dans le milieu, haut et bas du vitrail en grisaille, avec points en couleur, bordure peinte en couleur. . . . . de	60 à 70
»	43	Fin du XIIIme SIÈCLE. Vitrail à personnage, baldaquin et soubassement dans le milieu, haut et bas du vitrail en grisaille, avec points en couleur, bordure peinte en couleur . . . . de	60 à 70
32	44	XIIme SIÈCLE. Vitrail à grand personnage, riche architecture dans le baldaquin et le soubassement, belle bordure peinte en couleur. . . . . de	80 à 100
33	45	XIIme SIÈCLE. Vitrail style Légendaire (triomphe de N.-D. de Roc-Amadour), personnages et fonds en couleur, avec riche bordure peinte en couleur. de	100 à 120
34	46	Fin du XIIme SIÈCLE, commencement du XIIIme. Vitrail style Légendaire, à deux ou plusieurs scènes, avec fonds mosaïque à rinceaux de couleur, et riche bordure peinte en couleurs. . . . . de	120 à 150
35	47	XIIme SIÈCLE. Vitrail style légendaire, à plusieurs scènes, avec fonds damassé, mosaïque peinte en couleur, bordure riche peinte en couleur . . . . de	130 à 160
36	48	XIIIme SIÈCLE. Vitrail à grande scène historique, avec riche architecture au baldaquin et au soubassement, armoiries et belle bordure historiée (*Vitrail d'art*) . . . . de	150 à 120
37	49	XIVme SIÈCLE. Verrière géminée, style Légendaire, à plusieurs scènes, mystères de la vie de Notre-Seigneur ou tout autre sujet, armoirie, fonds mosaïque et riche bordure en couleur. de	120 à 150
38	50	XIVme SIÈCLE. Verrière géminée, à grands personnages, riche architecture au baldaquin et armoirie au soubassement, belle bordure peinte.	100 à 120
39	51	Fin du XVme SIÈCLE, commencement du XVIe. Verrière géminée, avec réseau, grands personnages et belles architectures . . . . de	100 à 120
40	52	Fin du XVme SIÈCLE, commencement du XVIe. Grande verrière géminée, à trois baies, avec scène historique dans le milieu, réseau historique et riche architecture (VITRAUX D'ART) . . . . de	150 à 200
41	53	XVIme SIÈCLE. Vitrail à grand personnage, belle architecture et riche bordure peinte en couleur. . . . . de	80 à 100
42	54	XVIme SIÈCLE. Vitrail à grand sujet historique, riche architecture avec figurines et inscription, riche bordure peinte en couleur et armature en fer. . . de	150 à 200
43	55	XVIIme SIÈCLE. Vitrail à grand personnage, belle architecture et riche bordure peinte en couleur. . . . . de	80 à 100
44	56 57 58 59	XIIme SIÈCLE. Vitraux style Roman, avec personnages en pied, baldaquin, soubassement et bordure peinte en couleur.	70 à 80
45	60 61 62 63	XIIme SIÈCLE. Vitraux style Roman, avec personnages en pied, riche baldaquin, soubassement et bordure peinte en couleur. . . . . de	90 à 100
46	64 65 66 67	XIIme SIÈCLE. Vitraux style Roman, avec personnages en pied, baldaquin, soubassement et bordure peinte en couleur . . . . de	70 à 80

Pl^e	N°		Prix de fr. à fr. par mètre carré
47	68 69	XIIIme SIÈCLE. Vitraux style gothique, avec personnages en pied, baldaquin, soubassement et bordure peinte en couleur . . . . de	70 à 80
	70 71	XIVme SIÈCLE. Vitraux style Gothique, avec personnages en pied, baldaquin, soubassement et bordure peinte en couleur . . . . de	70 à 80
48	72 73 74 75	XVe SIÈCLE. Vitraux style Gothique, avec personnages en pied, baldaquin, soubassement et bordure peinte en couleur. . . . . de	70 à 80
49	76 77 78 79	XVIme SIÈCLE. Vitraux style Renaissance, avec personnages en pied, baldaquin, soubassement et bordure peinte en couleur . . . . de	70 à 80
50	80 81	XIIme SIÈCLE. Vitraux style Gothique, avec grands personnages en pied, riches baldaquins et soubassements, bordures peintes en couleur. . . . . . de	80 à 100
51	82 83	XIVme SIÈCLE. Vitraux style Gothique, avec grands personnages en pied, riches baldaquins et soubassements, armoiries et belles bordures peintes en couleur . . . . de	100 à 120
52	84 85	XVme et commencement du XVIme SIÈCLE. Vitraux style Gothique fleuri, avec grands personnages en pied, riches baldaquins, armoiries et petites scènes dans le soubassement, belles bordures peintes en couleur . . . . . . de	120 à 150
53	86 87	XIVme SIÈCLE. Vitraux style Gothique, avec personnages en pied, baldaquin, soubassement et bordure peinte en couleur. . . . . de	70 à 80
	88 89	XIIe SIÈCLE. Vitraux style Gothique, avec personnages en pied, baldaquin, soubassement et bordure peinte en couleur. . . . . de	70 à 80
54	90 91 92 93	Fin du XVme SIÈCLE, commencement du XVIe. Vitraux style Gothique allemand, avec grands personnages en pied, riches baldaquins et soubassements, bordures peintes en couleur . . . . de	80 à 100
55	94 95 96 97	XVIIme SIÈCLE. Vitraux Renaissance, avec grands personnages en pied, riches baldaquins et soubassements, bordures peintes en couleur . . . . . de	80 à 100
56	98 99 100 101	XVIIme SIÈCLE. Vitraux Renaissance, avec grands personnages en pied, riches baldaquins et soubassements, bordures peintes en couleur. . . . . . de	80 à 100
57	102 103	XIXme SIÈCLE. Vitraux style Moderne, grands personnages en pied et fonds de couleur, mascarons et cartouches, avec riches bordures blanc et or. . . de	100 à 120
58	104 105	XIXme SIÈCLE. Vitraux style Moderne, grands personnages en pied et fonds de couleur, mascarons et cartouches, avec riches bordures blanc et or . . . de	100 à 120
59	106 107 108 109	Vitraux style Grec, avec personnages en pied, baldaquin, soubassement et bordure peinte en couleur. . . . . de	70 à 80
60	110 111 112 113	XIVme SIÈCLE. Vitraux style Moderne, avec grands personnages en pied et riche entourage d'ornements et rinceaux en couleur. . . . . de	100 à 120
61	114 115	XVIme SIÈCLE, Vitraux Renaissance, style Italien, avec grands personnages en pied, riches bordures peintes en couleur. . . . . de	100 à 120
62	116 117	XVIme SIÈCLE. Vitraux Renaissance, style Italien, avec grands personnages en pied, riches bordures peintes en couleur . . . . de	100 à 120
63	118 119	XVIme SIÈCLE. Vitraux Renaissance, style Italien, avec grands personnages en pied, riches bordures peintes en couleur. . . . . de	100 à 120

Ple	No		Prix de fr. à fr. par mètre carré
64	120 121	XVIme SIÈCLE. Vitraux Renaissance, style Italien, avec grands personnages en pied, riches bordures peintes en couleur. . . . . de	100 à 120
65	122 123	XVIme SIÈCLE. Vitraux Renaissance, style Italien, avec grands personnages en pied, riches bordures peintes en couleur . . . . de	100 à 120
66	124 125	XVIme SIÈCLE. Vitraux Renaissance, style Italien, avec grands personnages en pied, riches bordures peintes en couleur. . . . . de	100 à 120
67	126 127	XIIIme SIÈCLE. Vitraux Légendaires, genre historique avec fond damassé en mosaïque et riche bordure peinte en couleur (VITRAUX D'ART) . . . . de	150 à 200
68	128	XIVme SIÈCLE. Vitrail style Gothique, avec grand personnage en pied, riche baldaquin, soubassement, armoiries et riche bordure peinte en couleur. (VITRAIL D'ART). . . . . de	150 à 180
68	129	Fin du XVme SIÈCLE, commencement du XVIme. Vitrail style Gothique, avec grand personnage en pied, riehe baldaquin, soubassement, armoiries et riche bordure peinte en couleur. (VITRAIL D'ART). . . . . de	150 à 180

Les prix ci-dessus comprennent les ferrures nécessaires à la solidité du vitrail, ainsi que l'emballage; ce dernier seulement pour les commandes de 100 francs et au-dessus.

Les grisailles simples ou le vitrail d'art ont leurs couleurs d'une vitrification irréprochable et garantie. Aucune verrière, quel qu'en soit le prix, n'est livrée qu'à cette condition.

26 MÉDAILLES aux principales Expositions des Beaux-Arts et de l'Industrie.

VERRES GRAVÉS,

ENSEIGNES,

CARREAUX, GLACES, DAMAS, STORES,

DANS TOUS LES GENRES.

La maison L.-Victor Gesta vient de joindre à son établissement de vitraux peints pour églises, demeurant toujours sa spécialité, des ateliers de gravure, auxiliaires précieux complétant une manufacture importante.

Les verrières exécutées par les procédés anciens sont devenues impossibles dans les constructions privées, avec les exigences des mœurs et de l'architecture moderne. Comment garnir de verres peints, réunis par mille plombs disgracieux les nombreuses et vastes ouvertures des Cabinets d'étude, des Salons, des Galeries et des Musées, alors qu'il faut, en arrêtant les rayons du soleil, laisser pénétrer toute la lumière? Comment employer ces émaux qu'une cuisson nécessaire rend opaques, vus de près, malgré le glacis qu'amène une bonne préparation? L'émail blanc qui les dépolit, la poussière qu'ils retiennent, les obscurcissent encore et ne permettent leur usage que dans des proportions trop restreintes.

On doit laisser aux basiliques le vitrail fait dans ces conditions; il est là à sa vraie place, avec ses feux brillants de lumière et son effet décoratif; il demande un champ de vingt mètres et perd toute valeur si, enlevé à ses meneaux de pierre, il est mutilé pour servir, tableau de chevalet, à l'embellissement de pavillons ou de boudoirs.

Les verres gravés sont destinés à remplacer toutes ces tristes imitations prétendues artistiques. On ne regrettera plus les ressources d'un goût hasardé qu'offraient les verres dépolis, mousselinés ou monochrômes. La lumière devient, par le procédé de la gravure, l'auxiliaire du décorateur et vient enrichir sa palette; elle traverse, en se jouant, les ornements sur émail plein qu'elle diamante; sur verre blanc elle suit, argent liquide, tous les caprices du dessin, et amène des effets d'une incroyable richesse.

On reproduit, avec la plus grande netteté, tous les genres de lettres, inscriptions, arabesques, fleurs, fruits, natures mortes, etc., etc., en creux ou en relief, blanc sur blanc, blanc sur couleur, et couleur sur blanc ou demi-teinte.

Les avantages des verres gravés sont de donner des couleurs vives et inaltérables, de ne rien craindre des intempéries de l'air et d'être nettoyés avec la facilité du verre ordinaire : ils laissent passer la lumière, qui purifie l'air, ou l'atténuent à volonté. Les inscriptions ou dessins sont également visibles, appliqués ou par transparence, se prêtant à tous les genres d'ornementation, réunissant l'utilité à la richesse; ils ont leur emploi dans les maisons particulières, les châteaux et les établissements publics.

Le manque d'une maison spéciale et les prix élevés auxquels les verres gravés ont été maintenus, avaient empêché leur usage de se généraliser. M. L.-V. Gesta a créé des ateliers, composés d'un personnel nombreux et de choix, avec tous les éléments nécessaires pour obtenir les meilleurs résultats comme art de fabrication. Il peut satisfaire à toutes les demandes et accorder des prix extrêmement réduits.

DESCRIPTION

DES

PRINCIPAUX ÉTABLISSEMENTS D'ART RELIGIEUX.

LES VERRIÈRES.

(Extrait du DIMANCHE ILLUSTRÉ).

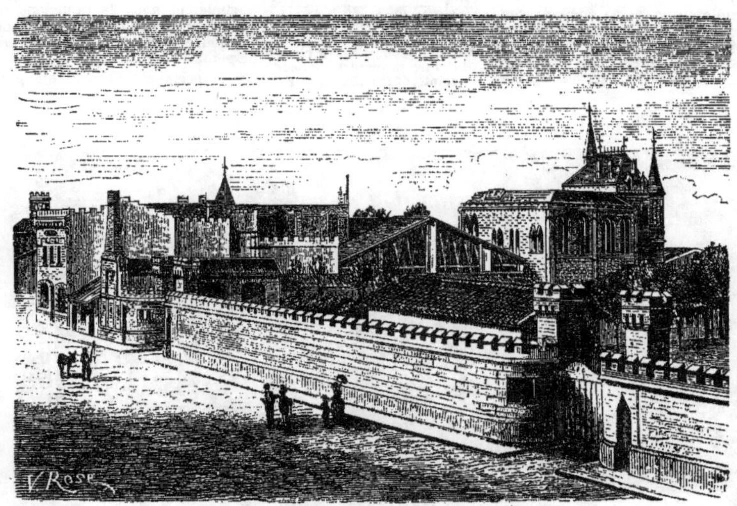

MANUFACTURE DE M. L.-V. GESTA

(Façade Ouest)

Si nous donnons de préférence pour nos illustrations les vues des monuments religieux ou des belles cathédrales, nous ne sommes pas guidés par un sentiment exclusif, mais comme l'idée qui les inspira est grande entre toutes, ces manifestations sont encore et seront toujours l'expression la plus complète du génie humain aidé et, pour ainsi dire, dirigé par Dieu.

A côté de ces merveilles architecturales qui, debout dans leurs splendeurs, paraissent défier le temps ; à côté de ces ruines, témoignage si poétique de la foi de nos pères, il peut y avoir intérêt et profit à placer, comme corollaire naturel, l'historique et la description des établissements modernes ayant pour but la propagation de l'art chrétien dans ses expressions multiples.

La ville de Toulouse, autant qu'aucune autre, peut s'enorgueillir à juste titre de l'importance des établissements qui ont le culte des arts religieux.

Nous commençons, et c'est, nous pouvons le dire, en toute justice, par les ateliers s'occupant des vitraux d'Eglise.

Ceux de M. L.-V. Gesta, sont cités, avec juste raison, comme les plus remarquables et les plus complets de France.

L'art est une religion qui a ses incrédules comme elle a ses apôtres.

M. Gesta est un de ces apôtres, et ce n'est nullement exagérer que donner le nom de sanctuaire à l'établissement grandiose qu'il a fondé et qui, chaque jour, prend une extension nouvelle.

Trente ans à peine nous séparent de son origine. A cette époque, notre peintre-verrier, après les études les plus brillantes aux écoles des Arts de Toulouse et aux Ecoles spéciales de Paris, seul avec sa foi dans l'avenir, se mettait à l'œuvre. Nous avons été les témoins de ses commencements laborieux ; chaque pas nouveau soulevait une difficulté, découvrait une énigme à résoudre ; on était au temps où les secrets de la peinture sur verre ancienne, retrouvés par la science, restaient encore le domaine, gardé avec jalousie, de quelques maîtres, peu nombreux. Aussi que d'insuccès, que d'obstination dans la recherche, que d'âpreté dans le travail ! Enfin, la lumière se fait, la réussite constante prouve que le hasard n'est pour rien dans le résultat obtenu. Les œuvres succèdent aux œuvres sans plus de tâtonnement, si bien qu'à peine né, cet atelier, faisait prévoir ce qu'il devait être un jour. Les expositions de Toulouse, Marseille, Nîmes le reconnaissaient comme des premiers, et il a pris à tâche de donner raison à ce jugement. En 1863 déjà, le *Moniteur universel*, dans son compte-rendu de l'Exposition des Beaux-Arts appliqués à l'industrie, publiait, sous la signature autorisée de son rédacteur, M. Xavier Aubryet, un remarquable article, et nous le rappelons, pour montrer en quelle estime la critique sérieuse tenait un atelier qui se créait à peine.

Le premier sentiment qu'éprouve

Vitraux losange verre blanc, bordure en verre de couleur peinte, de 15 à 18 fr. le m. c.

MANUFACTURE DE M. L.-V. GESTA

(Porte d'Entrée)

le voyageur à la vue du magnifique établissement artistique et industriel que son habile fondateur a si heureusement nommé *les Verrières*, c'est celui qui saisit le touriste lorsque, parcourant les rues symétriques de nos grandes villes, son œil fatigué par la monotonie des lignes droites et froides qui caractérisent l'architecture moderne découvre, tout à coup un monument du passé.

Alors, il cherche à lire sur ces pages de pierre l'histoire des générations éteintes.

Cette poésie du passé, si intime et si suave, on la trouve avec tous ses charmes sur chaque ligne, comme sur la physionomie générale du vaste et magnifique établissement de M. L.-V. Gesta.

L'inscription : *Les Verrières*, placée au fronton de la manufacture est presque une superfluité, car le visiteur devine, à la première inspection des lieux, qu'il a devant lui des ateliers où s'épanouit l'art religieux de la peinture sur verre.

L'ensemble des constructions est dans le style du XVe siècle. La façade principale, donnant sur la rue du Faubourg-Arnaud-Bernard, comprend les fours, les salles d'exposition, les ateliers de gravure et de serrurerie, reliés par un mur crénelé à son sommet, avec échauguette à

Vitraux mosaïque, verre blanc avec bordures en couleur, de 18 à 25 fr. le mètre.

l'angle, portée sur cinq assises profilées formant encorbellement. Audessous de cette échauguette, comme gardienne et protectrice, on a placé une délicieuse statue de la Vierge avec cette invocation :

Auspice quæ servas felici gesta tuorum,
Ædibus his semper sedula mater ades.
A nous ayder toi qui moult t'es complue.
Très doulce mère icy ie te salue.

Deux grandes portes d'entrée donnent accès dans l'établissement. L'une et l'autre, comme tous les travaux de ferronnerie et de serrurerie, ont été exécutées dans les ateliers de la maison, avec cette conscience et cet art dont les maîtres anciens semblaient avoir gardé le secret. Les pentures, les heurtoirs aux animaux fantastiques entrelacés, les serres, les épis et crêtes en métal repoussé, reproduisent, avec les mêmes procédés d'exécution, ces merveilles de la serrurerie d'autrefois, qui sont un sujet d'étonnement pour les gens du métier.

Au-dessus de la porte d'entrée principale, sur la pierre qui forme la clef de voûte, sont gravées les armes de la manufacture, à l'imitation des anciennes corporations : *d'azur à la ruche et aux abeilles d'or timbrées du casque de chevalier, environnées du collier de l'ordre de*

MANUFACTURE DE M. L.-V. GESTA

(Façade Nord)

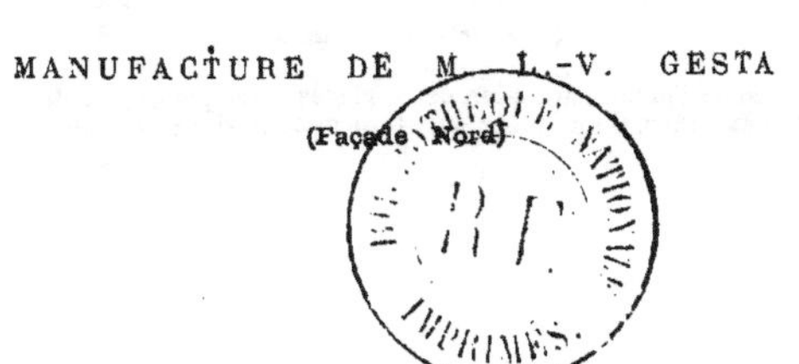

Saint-Sylvestre, auquel appartient M. Gesta.

Son nom presque seul compose la devise des armes de ce magnifique établissement d'art industriel, *Ludovicus per Gesta Victor*. Cette devise rappelle heureusement son travail incessant, ses luttes pour répondre à d'ineptes et jalouses attaques ; et c'est avec une vérité d'un à-propos saisissant qu'on a pu dire : *Il a triomphé par ses œuvres.*

Nous le prouverons, en étudiant les diverses parties du grand art religieux que l'on pratique aux *Verrières* avec un succès toujours grandissant.

Au XVIIIe siècle, la peinture sur verre était tombée dans un tel discrédit, qu'à Paris, en 1760, il n'existait qu'un seul artiste ; encore appartenait-il à la famille des Léviel, illustre dans cet art. Avec son jeune fils pour tout aide, il était pourtant trop peu occupé pour que son travail pût suffire à ses besoins, et il joignait un commerce de vitrerie à ses entreprises de peinture sur verre.

Quelques années plus tard, les débris de nos églises gisaient abandonnés sur le sol et le moment vint où tout sembla brisé et perdu. L'art du verrier parut bien fini avec les monuments qu'il avait jadis embellis et avec le sentiment inspirateur qui l'avait créé.

Un homme se rencontra par bonheur qui ne partagea pas ce découragement ; il protesta contre les incendies et les mutilations, et il obtint de recueillir les épaves de ses chers monuments. L'Assemblée nationale consentit enfin à la création d'un dépôt destiné à conserver ce qui restait dans les églises de trésors artistiques. M. A. Lenoir avait triomphé. Nommé en 1791, conservateur du dépôt de l'ancien couvent des Petits-Augustins, aujourd'hui école des Beaux-Arts, il y réunit tous les morceaux de sculpture qu'il put arracher des mains du peuple en délire. Il y joignit entr'autres une nombreuse collection de vitraux peints, et c'est avec ces restes précieux qu'il chercha à remettre les peintres sur les traces de la peinture sur verre oubliée.

Vitraux verre blanc dépoli, avec bordures peintes en couleur, de 25 à 30 fr. le mètre carré.

La chimie offrit (au lieu d'une ou deux seules couleurs d'application autrefois connues), toute une brillante palette d'émaux ; les verreries, au lieu de fragments irréguliers et de dimensions réduites, livraient des feuilles de verre, telles que les plombs, canevas des scintillantes mosaïques du XIIIe siècle, pouvaient être jugés inutiles et furent abandonnés. Avec un tel secours et de telles facilités il n'y a pas à être surpris de voir cet art renaissant s'avancer, trop sûr de lui, négligeant de remonter, pour s'instruire patiemment, aux

MANUFACTURE DE M. L.-V. GESTA

(Vue prise des Jardins.)

sources vraies. Sèvres, sous l'habile direction de chimistes savants, faisait exécuter, d'une pièce, sur glaces sans plomb, et de dimensions jusqu'alors inconnues, des sujets qui purent, avec juste raison, être appelés des chefs-d'œuvre. Là étaient réunis tous les matériaux de la peinture sur verre. Mais le vitrail n'était pas obtenu.

C'est vers 1830 seulement que, lassés d'essais sans résultat pratique ou d'inventions sans avenir, les peintres verriers commencerent enfin résolument à chercher le succès dans l'étude des belles verrières du moyen-âge. Tous les vitraux de cette époque et des années suivantes, de quelques noms qu'ils soient signés, trahissent les tâtonnements d'un début. Les expositions qui se succèdent montrent le progrès arrivant lentement mais bien sensible ; la peinture sur glace est abandonnée peu à peu, et le retour s'accuse vers la grande peinture décorative des églises. C'est que de nobles intelligences s'étaient liguées pour une croisade sainte. Il fallait remonter les siècles pour découvrir et restaurer ce qui restait de ces immenses basiliques si longtemps méconnues. L'œuvre entreprise fut brillamment conduite : la peinture sur verre avait dès lors reconquis son rang. Les ateliers surgissent de tous côtés, ils peuvent bien encore, malgré les ressources de toute nature mises à leur disposition, commettre des erreurs, comme les verrières de l'abbatiale de St-Denis et beaucoup d'autres, l'émulation et le travail auront raison de ces difficiles commencements.

C'est en 1848, que M. V. Gesta, après avoir été l'élève et le collaborateur ensuite de maîtres autorisés en peinture sur verre, mais qui ne pouvaient donner que ce qu'ils savaient encore, créa seul l'atelier bien modeste qui devait, en peu d'années, devenir le magnifique établissement d'art industriel que nous décrivons aujourd'hui.

On peut en suivre les progrès pas à pas dans plus de huit mille églises décorées à ce jour, dont plusieurs renferment des travaux d'une importance capitale, au point de vue de l'étendue et du mérite artistique ; nous citons entr'autres : *Les Verrières* de l'église St-Epvre, de Nancy ; la belle église abbatiale de Saint-Martin, de Bocherville ; celle de St-Gervais, d'Avranches ; des Dames du Sacré-cœur, de Cauderan, près de Bordeaux ; de St-Pierre, de Saintes ; de Saint-Salvy, et de la Madeleine, d'Albi ; de Richelieu, de Rupt-sur-Moselle ; de Sainte-Anne, d'Auray ; le sanctuaire N.-D. de Bonnes-Nouvelles, de l'Insigne basilique Saint-Sernin, de Toulouse ; la chapelle des Bénédictins de Marseille ; la restauration de la Verrière de Saint-Etienne-du-Mont, à Paris ; la Chapelle du cardinal Fesch, à Ajaccio ; S-Vincent à Carcassonne ; les séminaires d'Aix, Carcassonne, Ajaccio, Moissac, Montfaucon ; la chapelle des Dames de l'Espérance, à Luchon ; l'église de Saint-Urcisse, à Cahors ; Rocamadour ; de Saint-Géraud, d'Aurillac, commandées par Monseigneur Bouange, évêque de Langres ; des chapelles particulières de NN. SS. les évêques d'Aire, de Perpignan et d'Oran ; du Palais du gouvernement d'Alger ; des cathédrales de Bône ; de Constantine ; de Montboucher, commandées par M. Dessaudes de Bogenet, vicaire général à Limoges ; de Tharoiseau (Yonne) ; de Puy-l'Evêque ; d'Argentat ; de l'église de la Potherie, commandées par M. le comte de La Rochefoucauld ; les verrières demandées par M. Verdié, vicaire général à Cahors.

A l'étranger : Les verrières exécutées pour la Belgique ; celles de Santander, Séville et Carthagène (Espagne) ; de Porto-Ricco (Antilles espagnoles) ;

Vitraux grisaille simples, avec bandes peintes en couleur, de 30 à 35 fr. le m. carré.

Vitraux grisaille avec bandelettes couleur, verre blanc double et bordures peintes, de 35 à 40 fr. le mètre carré.

de Malte, pour la cathédrale, demandées par le R. P. Pullicino, chanoine; pour les Indes-Orientales; la magnifique verrière du Vatican, représentant Sainte-Germaine, etc., etc.

Entre toutes ces œuvres, se distinguent les vingt et une grandes verrières géminées de l'église du Gésu à Toulouse, œuvre presque sans précédent comme importance et dont le résultat peut suffire à la réputation d'un atelier de premier ordre. Ces verrières ont été d'ailleurs ainsi appréciées, et ce jugement, que nous sommes heureux de citer, n'a pas trouvé de contradicteurs: « Qu'on nous » permette de dire nos impressions sur les scènes » qui forment ces magnifiques tableaux: les cou» leurs si éclatantes et si variées du moyen-âge, y » revivent dans toute leur splendeur; le style » ornemental est admirablement approprié à ce » monument, qui fait revivre les trois grands siècles » de l'architecture ogivale. Les proportions des » figures presque colossales, sont si bien observées, » qu'elles ne sauraient être modifiées sans former » un désaccord avec l'ensemble de l'édifice. Le » dessin et le modelé » se combinent dans » un degré qu'aucun » de nos anciens ver» riers ne sut jamais » trouver. En un mot, » perfection de la li» gne, imitation plus » parfaite de la nature, » venant s'ajouter au » cachet essentielle» ment religieux des » plus belles verrières » du quatorzième et » du quinzième siè» cle: Voilà le résul» tat constaté aujour» d'hui. Si quelques » préventions existaient encore contre » le rôle de la pein» ture sur verre dans » nos églises de quel» que style qu'elles » soient, l'œuvre de la » chapelle du Gésu » suffirait pour les » faire disparaitre. » Les sympathies personnelles peuvent parfois influencer les jugements; ici les éloges ont été précédés de l'insigne faveur accordée à M. V. Gesta, décoré par N. S. Père Pie IX, de son ordre de Saint-Sylvestre, récompense d'une verrière placée au Vatican; de la *deuxième médaille remportée à l'Exposition universelle de Paris*; de trois diplômes d'honneur; de vingt-sept médailles obtenues à toutes les principales expositions de France. Il est peu d'ateliers qui puissent revendiquer ces titres et peu d'artistes ayant élevé à un si haut rang un établissement d'art industriel créé et constamment dirigé par eux.

Vitraux grisailles, de 60 à 80 fr. le mètre carré.

Après ces vues et ces considérations générales, pénétrons dans l'intérieur de la manufacture qui nous occupe.

A l'entrée, le visiteur est reçu dans une pièce rappelant les salles des gardes des manoirs féodaux; de riches peintures murales, des boiseries finement sculptées, des costumes guerriers, des panoplies couvrent les parements; le plafond à caissons, peint comme tout le reste dans le goût du XVe siècle, a, pour motif de décoration, les armoiries des villes aux expositions desquelles des récompenses ont été obtenues. La série en est assez longue pour que cette ornementation d'un grand effet soit complète.

Ateliers de peinture sur verre.

Malgré ces richesses de détails et de beaux meubles du moyen-âge, l'œil est attiré par les verrières nombreuses qui éclairent cette belle salle. Ces verrières, il est vrai de le dire, sont les chefs-d'œuvre sortis des ateliers. Entr'autres, un panneau, d'après Albert Durer, l'adoration des Mages, peint comme on n'avait su peindre à aucune époque et d'une coloration qui n'est surpassée, en finesse et en éclat, par aucun des restes les plus cités, du moyen-âge. Deux fenêtres ogivales, médaillons légendaires symbolisant l'architecture, la peinture, la sculpture et l'histoire, sur fonds mosaïques, exécutées et montées en plomb, d'après les procédés anciens : une verrière à trois travées, proclamation de l'Immaculée-Conception, dans laquelle se déroule le passé, le présent et l'avenir de ce dogme. Pour le passé, des saints et saintes qui ont invoqué et honoré le plus Marie Immaculée ; pour le présent, Pie IX devant la cour romaine et les évêques du monde catholique proclame que Marie a été préservée de toute souillure originelle ; dans l'avenir, les chefs de tous les ordres religieux recueilleront cette grande parole et leurs disciples la répèteront partout dans les siècles.

A part le mérite de l'exécution, ce vitrail offre un intérêt tout particulier. La majeure partie des figures qui le composent sont des portraits d'une extrême finesse et d'une ressemblance frappante. L'œuvre capitale de cette salle est la grande verrière historique représentant l'entrée de Louis XI à Toulouse; elle a obtenu la deuxième médaille à l'Exposition universelle de 1867.

Le roi à genoux jure sur l'Evangile, en présence de l'archevêque et des huit capitouls, de garder les priviléges de la

Vitraux ordinaires, 70 fr.
Soignés, de 80 à 90 fr.

ville et de la comté. Cette œuvre remarquable, comme composition, est, dans toutes ses parties d'une exécution irréprochable; elle réunit tous les procédés de la vraie peinture sur verre aujourd'hui connus ; avec la vivacité et l'harmonie des couleurs des plus belles verrières du XIVe siècle, elle possède les qualités qui leur manquent. Aux éloges unanimes qu'elle a reçus, s'est mêlée une seule critique, insérée dans une publication archéologique, la plus sérieuse peut-être de nos jours et sous l'autorité d'un nom qui, d'ordinaire, fait loi. Il y est dit : que le peintre-verrier doit religieusement s'en tenir aux procédés anciens; que nos devanciers, ayant négligé la perspective, il ne fallait pas l'introduire dans les œuvres modernes, pas plus que la recherche d'un dessin pur ou d'un modelé vrai. A cette critique, il est aisé de répondre que celui qui l'a avancée, sans être peintre-verrier, ni peintre, ni sculpteur, mais seulement archéologue d'une science théorique incontestée, a créé divers ateliers de mobiliers d'église, d'autels, voire même de cloches, enfin de vitraux ; pour ces derniers, il s'en tient à la reproduction du XIIe et du commencement du XIIIe siècle. A ceux qui se plaignent de trop d'archaïsme dans le dessin et dans la coloration, il est répondu que les anciens faisaient ainsi, et tout est dit.

Vitraux grisailles soignés, avec ornements, buste de saint, bordure peinte en couleur, 40 à 45 francs le mètre carré.

Le R. P. Cahier, un des maîtres de l'iconographie chrétienne avait semblé prévoir l'objection et répondre directement à son auteur, en écrivant : On ne doit pas chercher à copier servilement le moyen-âge, mais le faire revivre sans le calquer, il y a plus : se borner au calque de ses formes, ce serait réellement le tuer. Le moulage ne reproduit pas la vie et, la momification est incompatible avec elle.

Entre ces appréciations et celles de M. Didron, qui est un peu orfèvre, ici notre choix n'est pas douteux.

Aux premiers pas faits dans les ateliers, le visiteur est frappé par leur belle organisation. L'intelligence d'un vitrail nécessite un grand nombre d'opérations qui constituent chacune une spécialité. Quand le maître a rêvé une composition et jeté sur le papier son idée première, les cartons grandeur d'exécution des figures, de l'architecture et de l'ornementation sont exécutés par des dessinateurs différents, qui, à leur tour, les livrent aux peintres spéciaux de figures, d'architectures et d'ornements. La grande habitude de faire qui résulte de ce

Vitraux ordinaires, de 50 à 70 fr. le mètre carré. Soignés, de 70 à 120 fr.

mode est la meilleure garantie d'un résultat parfait, alors surtout que le maître, ce qui est le point capital, après avoir conçu sa verrière en harmonie avec l'époque qu'elle doit rappeler, en surveille, dirige et corrige lui-même l'exécution.

Dans ces vastes ateliers, il est permis de suivre le vitrail de sa conception à sa mise en place; rien de plus intéressant que d'assister à ces nombreuses transformations et d'en saisir les prétendus secrets expliqués aux visiteurs avec une bienveillance complète. Les procédés sont d'ailleurs toujours ceux minutieusement décrits par le moine Théophile au XIIe siècle, par Pierre Leviel au XVIIIe, à part leurs quelques erreurs et les perfectionnements qu'ils n'avaient fait qu'entrevoir; la dernière opération importante et la plus essentielle, peut-être, est la vitrification des couleurs. Dans cette manufacture, où plus de cent artistes et ouvriers produisent constamment, les fours ne refroidissent pas; aussi l'expérience acquise par le travail continu donne-t-elle sous ce rapport des résultats qu'il est impossible d'obtenir ailleurs.

Vitraux grisailles soignés, avec chiffres, ornements, buste de saint, bordure peinte en couleur, 45 à 60 fr, le mètre carré.

Aux ateliers est adossée l'habitation. Ce coquet château du XVe siècle, dressant ses tourelles sveltes et étalant au soleil ses balcons dentelés, est une merveille de goût. Dans cette élégante demeure, dont une description ne peut donner l'idée, tout révèle une haute intelligence artistique; les vitraux, naturellement, y abondent; mais s'harmonisent de la manière la plus heureuse avec les décorations et les destinations diverses des salles qu'ils éclairent; dans ces salles sont réunies de riches collections de meubles anciens que Cluny envierait, de tableaux des maîtres de toutes les écoles, de pièces d'un intérêt hors ligne pour les passionnés de l'art religieux, et c'est une justice à rendre à un patriotisme bien entendu; l'école toulousaine, si féconde, y trouve sa part la plus large et la mieux méritée, pourrions-nous dire; plusieurs portraits de

Vitraux ordinaires, de 50 à 70 fr. le mètre carré. Soignés, de 70 à 110 fr.

Chalette, des esquisses et des toiles de Rivals, de Roques père, etc., par dessus tout une série de maquettes d'un fini précieux, des principales œuvres de Despax, exécutées pour orner les maîtres-autels des églises de Toulouse que nous citons dans le nombre. Chaque jour, d'ailleurs, apporte sa perle à cet écrin, aussi peut-on prédire que, dans un avenir prochain, cette galerie aura conquis un des premiers rangs auprès des amateurs sérieux. La grande salle dite des Illustres rassemble, dans ses six verrières géminées, les portraits des grands hommes qui ont fait de Toulouse, cité Palladienne, la ville sainte, la reine des sciences et des arts dans le Midi de la France. Les peintures murales qui couvrent les murs et les voûtes reproduisent les faits saillants de notre histoire locale, politique, littéraire, artistique et religieuse. Raymond de St-Gilles, de l'illustre race des Comtes de Toulouse, refusant la couronne d'Antioche que les croisés victorieux lui offraient comme au plus digne.

Verrière placée au Vatican.

Clémence-Isaure, fondatrice des jeux floraux, distribuant des fleurs d'or aux trouvères, ces chevaliers de la langue d'Oc. Duranti, premier président du parlement, tombant sous l'émeute en défendant l'autorité royale.

Les capitouls remettant aux artistes toulousains la Charte octroyée par Louis XV, et qui érigeait leur école en Académie royale de peinture. Ces grandes pages à part l'intérêt historique qu'elles présentaient, sont toutes des œuvres d'un mérite hors ligne.

Les jardins à eux seuls enrichiraient un musée; à chaque pas on y découvre, pour les admirer, des chapitaux merveilleusement sculptés, des marbres anti-

Vitraux courants, 70 à 90 fr. le mètre carré. Soignés, de 90 à 120 fr.

ques des statues, des colonnes, des sarcophages, et au milieu de ces perles, une collection unique de puits anciens ; plusieurs d'entre eux sont le dernier mot de l'art de la ferronnerie au XVe siècle ; l'un attribué à Pierre Bachelier, le frère de Nicolas, le statuaire, l'élève de Michel-Ange, et à qui Toulouse doit ces plus belles sculptures, montre qu'à cette époque heureuse, l'art industriel n'était pas à inventer, et que la matière importait peu. Les rinceaux de feuillages, les tiges de fleurs, y sont modelés avec une finesse, une grâce extrême : il existe peu de spécimens de belles ferronneries anciennes ayant cette valeur.

Le nom de manufacture donné à l'établissement, a paru choquer les amateurs platoniques de l'art ; pourtant, lorsque l'on se trouve au milieu de cet essaim d'artistes et d'ouvriers, qui tous, dans les parties si diverses qui concourent à l'ensemble d'un vitrail, travaillent à la réalisation d'une idée, on est bien forcé d'accepter le mot et de reconnaître l'impossibilité de désigner autrement la chose. Si celui qui a conçu l'idée d'une *Verrière* importante à exécuter essaye de la produire à lui seul, il pâlira dix années sur l'œuvre, et le résultat trahira la fatigue d'un tel travail; plus encore, si pour la conception du sujet et de

Vitraux à scènes historiques, de 120 à 150 fr. et au-dessus.

Vitraux soignés, de 80 à 90 fr. le mètre carré.

la pureté de la ligne, on reconnaît un maître, forcément les accessoires importants d'architecture, et d'ornementation feront regretter l'absence du praticien modeste qui a depuis des années, la main faite à ces détails. Les mosaïstes d'Italie ainsi que les tisseurs des Gobelains, tout inconscients qu'ils puissent être, exécutent ces étonnantes merveilles de l'art industriel que nous admirons et que Raphaël

lui-même n'eût pu produire seul. Précisons davantage, pour ne citer qu'un exemple, la mention Maréchal Gugnon et Cie réhabilite le mot manufacture ; elle n'a pas empêché que les ateliers du maître Messin, tant qu'il les dirigea lui-même, aient mérité leur réputation européenne.

Nous nous sommes étendu presque à notre insu, sur le sujet qu'il nous a plu de traiter aujourd'hui ; il nous semblait qu'après avoir piqué la curiosité de nos lecteurs, nous étions excusables alors que nous nous laissions entraîner à la satisfaire avec une complaisance que nous ne voulons pas déguiser.

D'ailleurs ne savons-nous pas que les méchants en sont venus à se vanter du mal qu'ils ont fait et à ne plus rien déguiser de leurs actes pervers ? L'étalage plus ou moins malsain, dans les feuilles illustrées, d'établissements où la morale n'est pas ce qu'il y a de plus respecté ne nous a pas permis d'hésiter dans la divulgation du bien, qu'une pensée chrétienne sait exécuter. Tandis que d'autres étalent avec un luxe qui ne manque pas de séductions des maisons plus que profanes, nous avons cru nécessaire et légitime la reproduction du plan et des vues de la manufacture de M. Louis-Victor Gesta.

Là, tout est respecté : Dieu, la famille, la propriété.

Dieu d'abord ; car si tout est admirable dans ce lieu, c'est parce que le Directeur ne craint pas de dire que c'est à l'affirmation hautement proclamée d'un Dieu juste et bon qu'il doit le plus pur de ses succès. *A Domino factum est istud ; et est mirabile.*

La famille ensuite, puisque la cordialité la plus franche, la fraternité la plus vraie et la paternité la plus affectueuse règnent dans ces immenses salles où plus de cent ouvriers travaillent sans se jalouser, et s'aident les uns les autres pour faire prospérer la maison. Cet accord de tous fait dire à chacun ce que les moines travailleurs répétaient dans leurs silencieuses demeures : *Ecce quam bonum habitare fratres in unum.*

Enfin la propriété, ce stimulant heureux, cette aspiration légitime de tout ouvrier honnête ! La propriété est religieusement respectée et aimée de tout le monde dans cette manufacture. Tous, en effet, se plaisent à reconnaître avec bonheur et à constater sans faiblesse, que l'intelligence au service d'un travail assidu, produit toujours et dans les limites relatives, le bien-être qui constitue la propriété inaliénable de chacun. *Suum cuique.*

Le respect et l'amour de ces grandes choses tant vantées et qui méritent de l'être, ne sauraient être trop offerts à l'admiration de tout le monde dans notre pauvre société ; et c'est parce que nous avons cru aider au développement de ces sentiments dans les âmes, que nous avons parlé d'une maison qui est un vrai modèle sous tous les rapports.

Nous laissons à d'autres le soin de faire connaître et de décrire ces monuments d'une architecture hybride où tout est faux, la pensée, le goût et l'exécution. Pour nous, nous avons montré un édifice dans lequel tout est noble et solide comme l'esprit qui l'a conçu et l'art qui l'a accompli.

En tout cas, notre étude sur un établissement, unique dans le Midi de la France n'aura pas été, nous l'espérons, sans utilité, car elle aura fait naître certainement dans tous les bons esprits, des désirs aujourd'hui facilement réalisables, par les indications sûres que nous avons été heureux de leur fournir.

On a pu reconnaître, en effet, que dans notre pensée, l'éclat et la pompe des cérémonies du culte ne sont pas séparés de la beauté et de la richesse des édifices religieux, et que cette merveilleuse harmonie est bien faite pour rehausser la gloire de la maison de Dieu.

Si tout doit être grand dans le service du Seigneur, il n'est pas indifférent à cette grandeur que le monument où elle se déploie soit digne à tous égards de la Divinité qui y réside.

Or, de tous les ornements qui embellissent nos temples, de beaux vitraux sont sans contredit, le plus précieux et le plus riche. L'œil s'attache irrésistiblement à cette lumière brillante de coloris et l'âme arrachée de la terre, s'élève à l'aide de ce gracieux rayonnement jusqu'à la contemplation des choses du Ciel qu'habitent les saints personnages que notre regard trouve avec reconnaissance et amour, dans des verrières bien comprises et bien appropriées.

Nous avons donc la confiance d'avoir fait une bonne action en indiquant aux pasteurs préposés à la garde du temple et aussi à sa décoration, les moyens faciles pour atteindre ce but de toutes leurs préocupations et de leurs constantes sollicitudes.

E. BOURDELIN

Entrée de Louis XI a Toulouse

PUBLICITÉ A BON MARCHÉ

Les personnes dévouées à la société comme à la religion, et qui prennent une part active à la lutte, ont vu venir le *Dimanche Illustré* comme un précieux auxiliaire. C'est le petit voltigeur qui, pour *dix centimes de solde,* brave tous les périls, franchit les palissades, se jette au milieu des ennemis, contribue parfois à de belles victoires, sans en être plus exigeant ni moins modeste.

Nos abonnements collectifs de 5, 10, 20 exemplaires, vont se ramifiant chaque jour.

Tout le monde aujourd'hui veut lire, même ceux qui ne savent pas. Il s'agit de mettre de saines lectures à la portée de tous, pour donner l'exclusion aux lectures qui faussent les idées et corrompent les âmes.

« Aujourd'hui, ce n'est plus telle ou telle nuance de parti, telle ou telle théorie de gouvernement, telle ou telle dynastie qui est attaquée, mais tout : ordre public, ordre social, propriété, famille, honneur, moralité, conscience, Dieu ! Dieu surtout ! et quand on attaque Dieu, à plus forte raison on attaque le reste. Trouvons donc enfin autre chose à faire pour éclairer le peuple que de beaux discours qu'il n'entend pas et de grands journaux qu'il ne lit pas.

« La propagande du parti hostile est active, libérale en fait d'argent, presque gratuite. Elle a des journaux à dix centimes dans toutes les provinces, des fabriques de pamphlets à bon marché dans toutes les villes, des émissaires dans tous les cabarets, des agents ou plutôt des chefs à elle dans toutes les associations ouvrières. Au contraire, il semble aux conservateurs que, comme « le bien vient en dormant, la propagande du bien doit se faire en dormant. » Les quelques sociétés qui distribuent de bons livres sont isolées, inconnues les unes aux autres, trop peu connues u public. Nous sommes, ce me semble, trop grands seigneurs pour fonder des journaux à dix centimes, et nos journaux sont gens trop élevés pour entrer dans un cabaret. Pourquoi chaque département n'a-t-il pas sa feuille à bon marché, ses colporteurs qui la portent, la vendent et souvent la donnent en particulier, à ce suzerain de village, le cabaretier ? *Nonne Ethnici hoc faciunt?*

« Les révolutionnaires trouvent bien moyen de le faire ! Est-ce l'argent, est-ce le désintéressement, est-ce le dévouement qui nous manque plus qu'à eux ? Faisons ce qu'ils font. Seulement (ceci est de notre honneur), faisons à ciel ouvert ce que souvent ils font dans l'ombre. A leurs manœuvres secrètes, opposons nos œuvres, non pas tapageuses, mais ostensibles ; à leur franc-maçonnerie, notre œuvre ouverte de saint Vincent-de-Paul ; à leurs affiliations clandestines d'ouvriers, cette belle œuvre des Cercles d'ouvriers, si courageusement entreprise et si franchement conduite par ceux qui ont versé leur sang sur le champ de bataille. Prenons tout de nos adversaires, en y ajoutant l'honnêteté du but et la publicité des moyens. » (M. DE CHAMPAGNY, *Correspondant,* novembre 1873).

Sans cesser de parler aux esprits élevés, il faut descendre dans les masses, c'est au peuple qu'il faut parler. Quiconque, par sa position ou son ministère, peut concourir à cette diffusion de la vérité, ne saurait refuser de lui venir en aide. Il n'est pas en ce moment de nécessité plus pressante. Sachons nous unir pour sauver, comme d'autres savent s'unir pour perdre.

www.ingramcontent.com/pod-product-compliance
Lightning Source LLC
LaVergne TN
LVHW050507160826
845677LV00003B/987

* 9 7 8 2 3 2 9 6 4 1 9 6 6 *